Inhalt

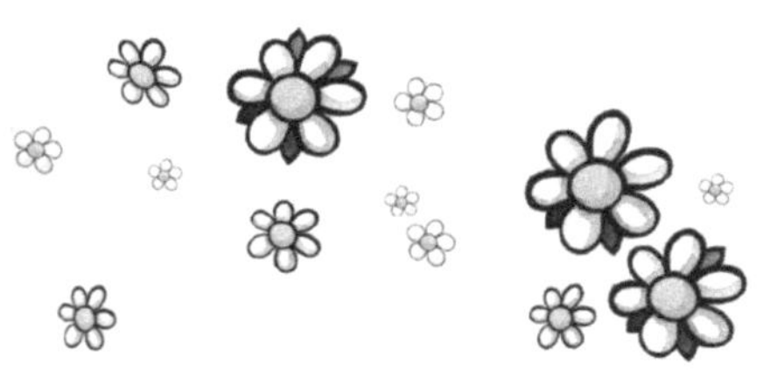

ELENA KLUTE • SIGRUN EDER

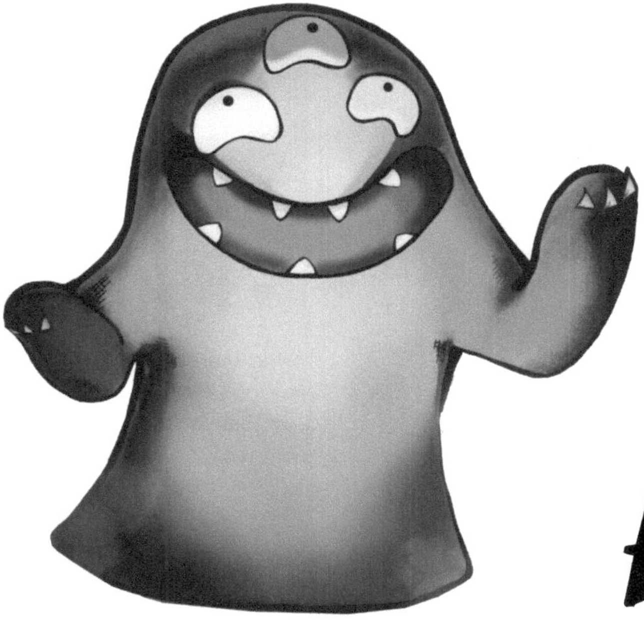

SCHRUMPF DIE ANGST!

Wie alle meine Probleme in eine Tasse passten und ich die Lebensfreude wiederfand.

Bibliografische Information der Deutschen Nationalbibliothek
Die Deutsche Nationalbibliothek verzeichnet diese Publikation in der Deutschen Nationalbibliografie; detaillierte bibliografische Daten sind im Internet über http://dnb.d-nb.de abrufbar.

1. Auflage	Mai 2023
© 2023	edition riedenburg
Verlagsanschrift	Adolf-Bekk-Straße 13, 5020 Salzburg, Österreich
Internet	www.editionriedenburg.at
E-Mail	verlag@editionriedenburg.at
Lektorat	Dr. Heike Wolter, Regensburg
Satz und Layout	edition riedenburg
Herstellung	Books on Demand GmbH

ISBN 978-3-99082-135-0

Dieses Buch ist in einer verlagskonform geschlechtsneutralen Schreibweise verfasst und soll alle Menschen dieser Welt ansprechen.

Wir verstehen uns als Verlag für Diversität und Inklusion aller Persönlichkeiten, auch wenn in diesem Kinderbuch bestimmte stereotype Charaktere abgebildet sind.

Hallo du!

Das bin ich. Und hier siehst du meine Probleme: den roten Zweifel, die grüne Unsicherheit und die blaue Angst. Wenn dich alle drei packen und nicht mehr loslassen, kann das Leben ziemlich kompliziert werden.

Doch ich habe meine Probleme erfolgreich geschrumpft!

Deshalb verrate ich auch dir, wie du deine Probleme schrumpfen kannst. So rauben sie dir nicht mehr den Schlaf und du hast mehr Zeit für deine Freund*innen und den echten Spaß am Leben.

Hast du Lust, mehr über geschrumpfte Probleme zu erfahren? Dann leg gleich los und lies meine Geschichte.

Im Anschluss daran gibt es viele Mitmach-Seiten, auf denen du dich austoben kannst. Damit deine Probleme dauerhaft klein bleiben und du stattdessen groß rauskommst.

Dein Mexx

Schrumpf die Angst: Die ganze Geschichte

Wenn ich so darüber nachdenke, begannen meine Probleme genau an dem Tag, als ich Edda traf. Sie zwang mir ungefragt ihre Meinung auf.

Und zack: Schon steckte ich mich bei ihr mit einem fiesen Plagegeist an, ohne es zu merken.

Der Zweifel machte sich in mir breit.

Mexx,
solltest du nicht langsam mal an deine Zukunft denken?
So wird aus dir doch nie was. In deinem Alter war ich schon richtig erwachsen.
Jetzt mal im Ernst: Du benimmst dich wirklich lächerlich. Das musst du doch zugeben.
Du warst ja schon immer ein kleiner Spätzünder! Unser kleines Mexxchen.

Plötzlich fühlte ich mich einfach nur mies.

Meine Mutter meinte, ich bildete mir das bloß ein, um den Englischtest zu schwänzen.

Mein Vater rollte mit den Augen.

Unser Arzt war irgendwie auch ... planlos.

Der Zweifel steckte sogar den Arzt an.

Ich bezweifle, dass du krank bist. Früh ins Bett gehen und ein Tässchen Kamillentee helfen wahre Wunder.

Pustekuchen Kamillentee! Von so etwas lässt sich der Zweifel doch nicht abhalten.

Auch früh ins Bett gehen half nichts.

Der Zweifel war plötzlich überall.

Hat Edda recht?
Was mache ich jetzt bloß?
Andere sind viel besser als du!
Du bist nicht gut genug!
Edda hat recht!

Mehrere schlaflose Nächte, und schon war es geschehen:

Die Unsicherheit suchte mich heim.

Sie machte mir die Hände kalt und feucht. Und die Knie weich wie Butter.

Woher die Unsicherheit all die Fettnäpfchen hatte, kann ich mir bis heute nicht erklären. Wenn ich in sie hineintrat, lachte mich die Unsicherheit hämisch aus.

Und alle aus meiner Klasse lachten mit.

HA HA HA!
HA! HA
HA!
Lasst mich in Ruhe!

Eines Nachts, da spürte ich einen neuen scheußlichen Plagegeist zum ersten Mal:

Die Angst!

Sie brachte mein Herz zum Rasen.

Sie ließ mich schwitzen.

Zittern.

Und sorgte dafür, dass ich einen Kloß im Hals hatte.

MIUAHAHAHA
HAAAAAAH

Aber es kam noch schlimmer.

Die Angst verwandelte sich in Panik.

Die Panik bewirkte, dass ich nur noch an Horrorszenarien dachte. Und zwar an Aliens und Einbrecherfieslinge.

Mein Herz klopfte bis zum Hals.

OOOOOOOOOOOOOOOHHUUUUUUUUUUUU

Die Nächte waren schlimm.
Die Tage noch schlimmer.

Die Unsicherheit pflasterte meinen Weg auch mit Bananenschalen.

Ich hatte den Eindruck, alle tuschelten über mich.
Und gafften mich an.

Ich fühlte mich erbärmlich.

Die teure Sonnenbrille aus Italien sollte es richten ...

Tat sie aber nicht!
Ganz im Gegenteil.

Die Schule wurde zum
Ort des Grauens.

Also pfiff ich auf die Schule und auf alle und generell auf alles.

Ich zog mich vor allem und jedem zurück.

Rückblickend war das wohl nicht meine beste Idee.

Der Zweifel, die Unsicherheit und die Angst übernahmen die Kontrolle in meinem Leben.

Ich fühlte mich ohnmächtig.

Mexx! Zieh dir mal was Ordentliches an! Und bring den Müll runter!!
Ich kann nicht.
WICHTIG

Die drei Plagegeister verfolgten mich überall hin.

Sollte das so sein?

Ging es allen in meinem Alter so?

War das normal?

Mit etwas Abstand erkannte ich:

Ich hatte ein Angstproblem.

BBBBUUUUUUUUUUUUAAAAAAAA

Das Angstproblem musste weg.

Und mit ihm alle Plagegeister.

Sofort!

Ich wehrte mich gegen den Zweifel, die Unsicherheit und die Angst.

Leider erfolglos.

OOOOOOOOOOOOH

Der einzige Kontakt nach draußen war mein Handy.

Ich erinnerte mich an Oli und meldete mich bei ihr.

Tja, was soll ich sagen?

Auch sie hatte schon Bekanntschaft mit dem Zweifel gemacht.

Oli und ich redeten.

Und redeten.

Über all das, was uns beschäftigte.

„…“
„…………“
„………“
„Ich lasse mich schnell verunsichern und zweifle an meinen Entscheidungen.“
„Oh, das kenne ich. Ich zweifle oft an mir.“
„………“
„……“

Unglaublich, aber wahr:

Je mehr ich über meine Plagegeister redete, desto kleiner wurden sie.

Nachdem ich meine Probleme geschrumpft hatte, verloren der Zweifel, die Unsicherheit und die Angst ihre Macht über mich.

Na, ihr kleinen Plagegeister, damit habt ihr nicht gerechnet!

Oli und ich hatten endlich Zeit für die schönen Dinge im Leben.

Wir trafen uns sogar in echt!

Die Sonne schien uns auf den Bauch und wir fühlten uns wirklich gut.

Wir hatten unsere Plagegeister tatsächlich geschrumpft.

Und dabei blieb es.

Deine Mitmach-Seiten

Jetzt bist du dran!

Deine Mission auf den folgenden Mitmach-Seiten ist, das Angstproblem zu schrumpfen. Denn von selbst verschwindet es garantiert nicht.

Daher sind die Mitmach-Seiten nur für dich und dein wichtiges Vorhaben reserviert. Widme ihnen deine volle Aufmerksamkeit – es wird sich lohnen!

Du kannst dabei wie folgt vorgehen:

1. Hole zuerst das Angstproblem und seine Facetten ganz nah an dich heran. Durchleuchte den Zweifel, die Unsicherheit, die Angst und die Panik nach ihren fiesesten Eigenschaften. Mach dir ihre Durchtriebenheit bewusst.

2. Finde anschließend heraus, was die Quälgeister mit dir anstellen. Danach bist du hoffentlich richtig empört und möchtest die Machtverhältnisse ganz schnell umkehren. Gut so, denn die Quälgeister lassen sich erst schrumpfen, wenn du konsequent Widerstand leistest.

3. Schmiede clevere Bekämpfungs-Pläne und halte durch. Das wird viel Kraft und Ausdauer von dir fordern. Achte daher auf Sonnenlicht und viel Bewegung an frischer Luft in dieser herausfordernden Zeit.

4. Male deine Quälgeister so an, dass du bei ihrem Anblick ein wenig lächeln musst. Du kannst ihnen neue Münder verpassen oder sie lustig verzieren. Ganz wie du möchtest.

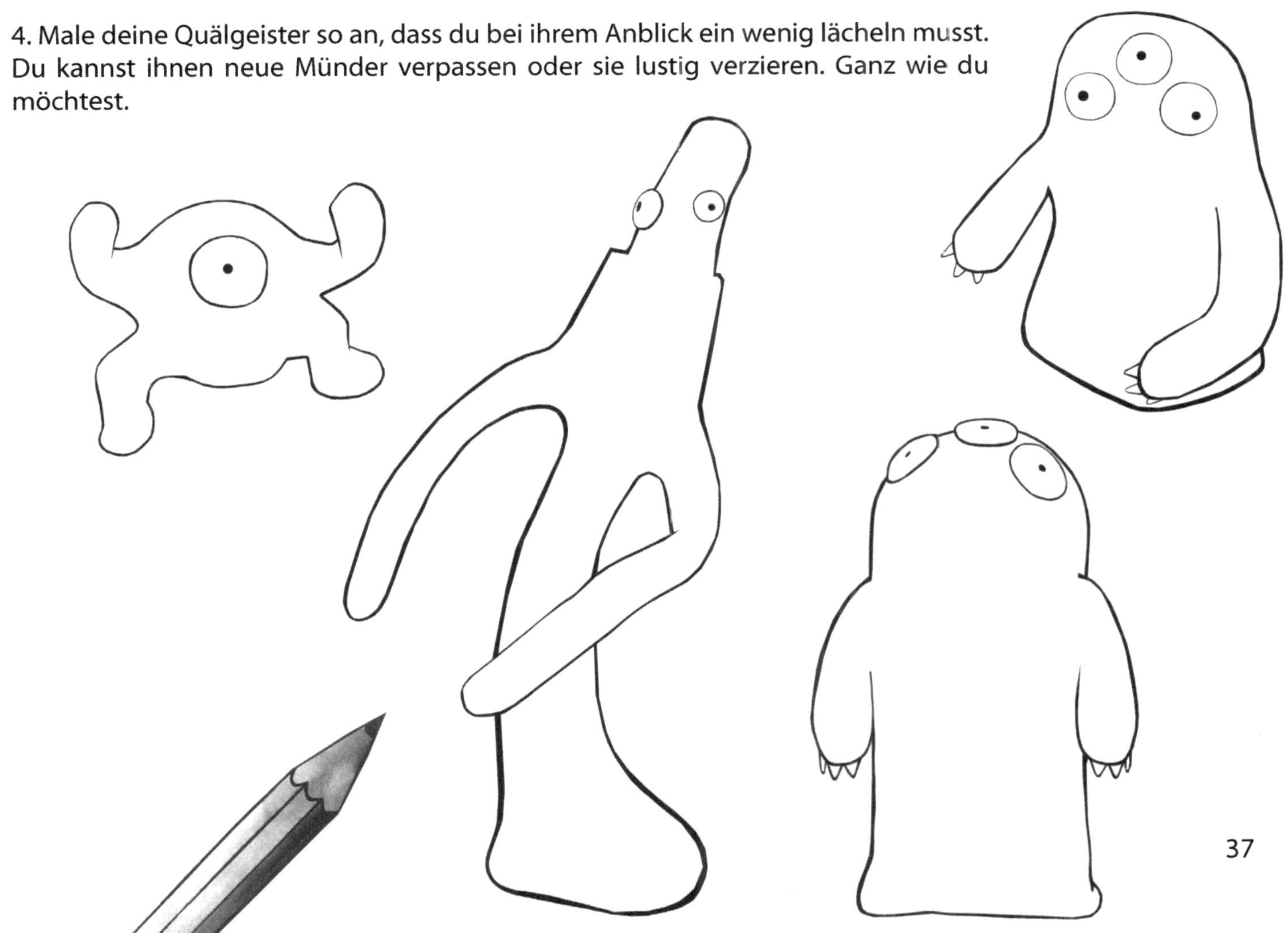

Wir schrumpfen den Zweifel.

Das ist mein Zweifel.

Wie sieht dein Zweifel aus? Male ihn auf und beschreibe ihn.

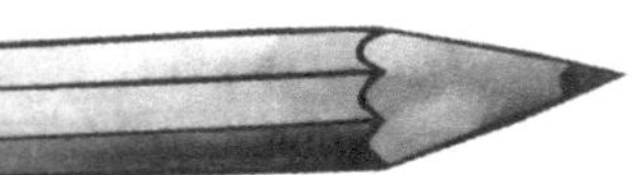

Beschreibe, welche fiesen Eigenschaften der Zweifel hat.

Was macht der Zweifel mit dir
und deinen Beziehungen?
Zu welchen Gedanken bringt er dich?
Welche Gefühle lässt er dich spüren?
Welches Verhalten löst er in dir aus?

Zeichne auf dem Zweifel-Detektor ein, wie groß der Zweifel im schlimmsten Moment ist.

0
gar kein Zweifel

10
totaler Zweifel

Was hat es dem Zweifel so leicht gemacht, ausgerechnet bei dir zu landen? Schreibe deine Ideen auf.

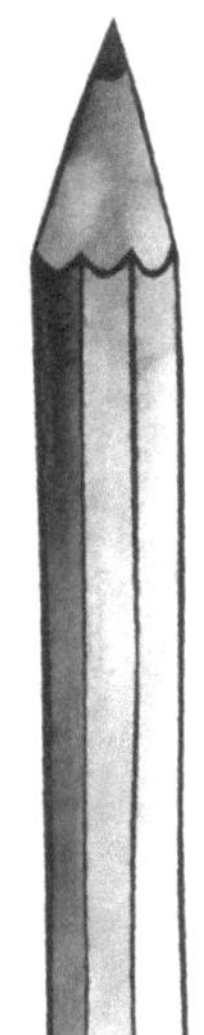

Ich habe ...

An Tagen, an denen ...

Ich glaube, ...

Immer, wenn ...

Weil es typisch für mich ist, dass ...

Womit bringst du den Zweifel durcheinander? Was kannst du tun, damit du ihn entmachtest?

Schreibe und/oder male es auf diese Liste.

1

2

3

4

5

Leiste nun mindestens einmal täglich Widerstand gegen den Zweifel. Verwende dazu die Ideen aus deiner Liste. Mit jeder Aktion wirst du stärker und dein Zweifel verzweifelt an dir.

Überprüfe, was am besten funktioniert hat. Die Top drei deiner Zweifel-Bekämpfungs-Ideen kannst du aufs Siegerpodest schreiben und/oder malen.

Wir schrumpfen die Unsicherheit.

Das ist meine Unsicherheit.

Wie sieht deine Unsicherheit aus? Male sie auf und beschreibe sie.

Beschreibe, welche fiesen Eigenschaften die Unsicherheit hat.

Was macht die Unsicherheit mit dir und deinen Beziehungen?

Zu welchen Gedanken bringt sie dich?

Welche Gefühle lässt sie dich spüren?

Welches Verhalten löst sie in dir aus?

Zeichne auf dem Unsicherheits-Detektor ein, wie groß die Unsicherheit im schlimmsten Moment ist.

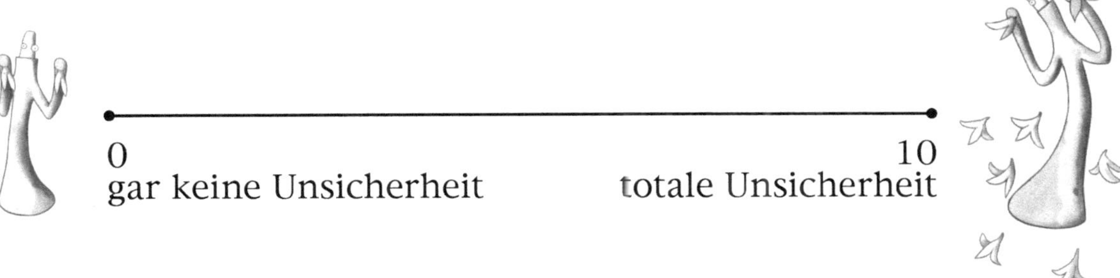

Was hat es der Unsicherheit so leicht gemacht, ausgerechnet bei dir zu landen? Schreibe deine Ideen auf.

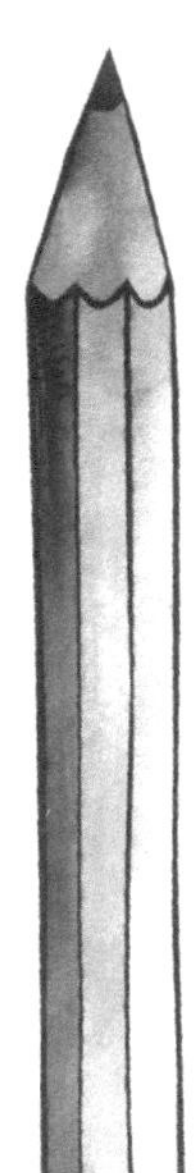

Mir ist passiert, dass ...

Ich hatte schon mal ...

Immer wieder geschieht es, dass ...

Die anderen sagen, dass ...

Ich glaube, ich bin ...

Womit bringst du die Unsicherheit durcheinander? Was kannst du tun, damit du sie entmachtest?

Schreibe und/oder male es auf diese Liste.

1

2

3

4

5

Leiste nun mindestens einmal täglich Widerstand gegen die Unsicherheit. Verwende dazu die Ideen aus deiner Liste. Mit jeder Aktion wirst du stärker und deine Unsicherheit verzweifelt an dir.

Überprüfe, was am besten funktioniert hat. Die Top drei deiner Unsicherheit-Bekämpfungs-Ideen kannst du aufs Siegerpodest schreiben und/oder malen.

Los geht's!

Wir schrumpfen die Angst.

Das ist meine Angst.

Wie sieht deine Angst aus? Male sie auf und beschreibe sie.

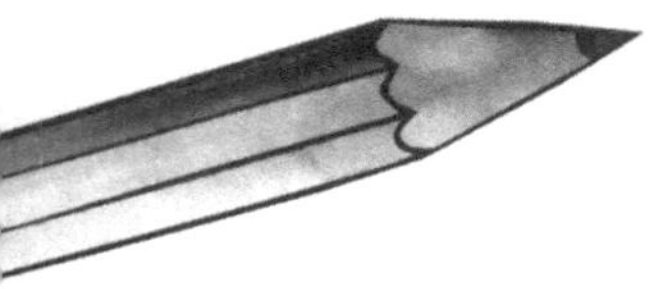

Beschreibe, welche fiesen Eigenschaften die Angst hat.

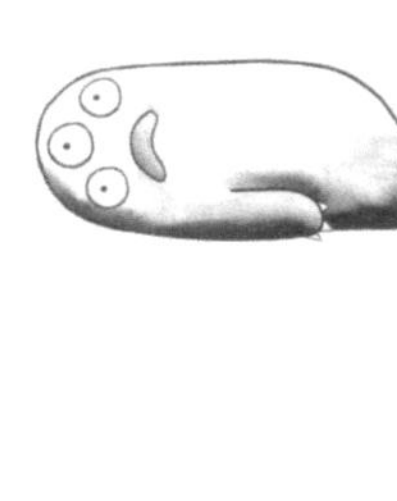

Was macht die Angst mit dir und deinen Beziehungen?

Zu welchen Gedanken bringt sie dich?

Welche Gefühle lässt sie dich spüren?

Welches Verhalten löst sie in dir aus?

Zeichne auf dem Angst-Detektor ein, wie groß die Angst im schlimmsten Moment ist.

0 gar keine Angst — 10 totale Angst

Was hat es der Angst so leicht gemacht, ausgerechnet bei dir zu landen? Schreibe deine Ideen auf.

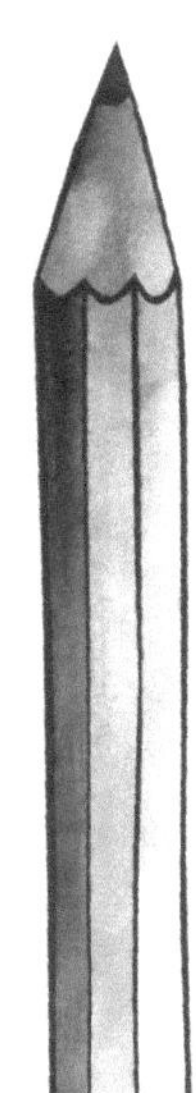

Ich habe mir angewöhnt, ...

Wenn ich mich in den Spiegel schaue, dann ...

Zu oft ist mir passiert, dass ...

Im Vergleich mit anderen bin ich ...

Das kommt daher, weil ...

Womit bringst du die Angst durcheinander? Was kannst du tun, damit du sie entmachtest?

Schreibe und/oder male es auf diese Liste.

1

2

3

4

5

Leiste nun mindestens einmal täglich Widerstand gegen die Angst. Verwende dazu die Ideen aus deiner Liste. Mit jeder Aktion wirst du stärker und deine Angst verzweifelt an dir.

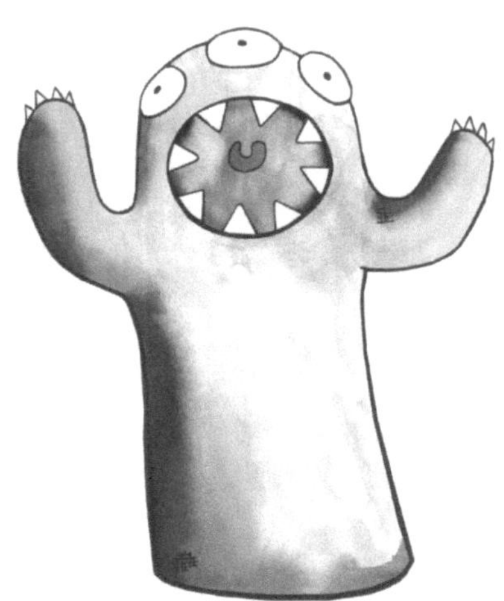

Wir schrumpfen die Panik.

Das ist meine Panik.

Wie sieht deine Panik aus? Male sie auf und beschreibe sie.

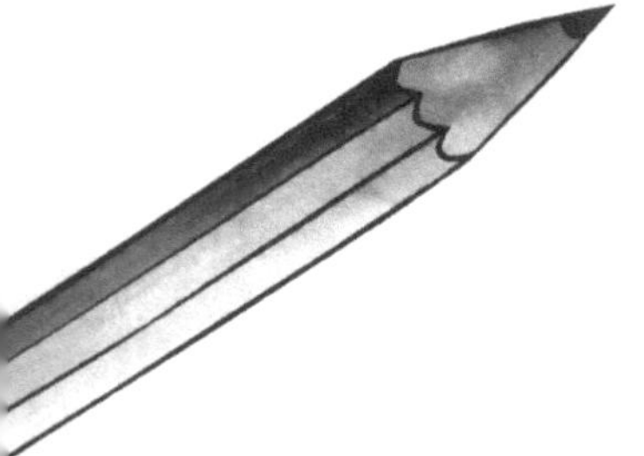

Beschreibe, welche fiesen Eigenschaften die Panik hat.

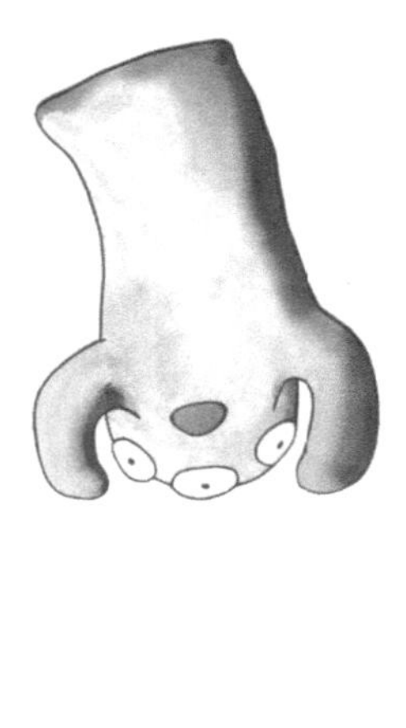

Was macht die Panik mit dir und deinen Beziehungen?

Zu welchen Gedanken bringt sie dich?

Welche Gefühle lässt sie dich spüren?

Welches Verhalten löst sie in dir aus?

Zeichne auf dem Panik-Detektor ein, wie groß die Panik im schlimmsten Moment ist.

0
gar keine Panik

10
totale Panik

Was hat es der Panik so leicht gemacht, ausgerechnet bei dir zu landen? Schreibe deine Ideen auf.

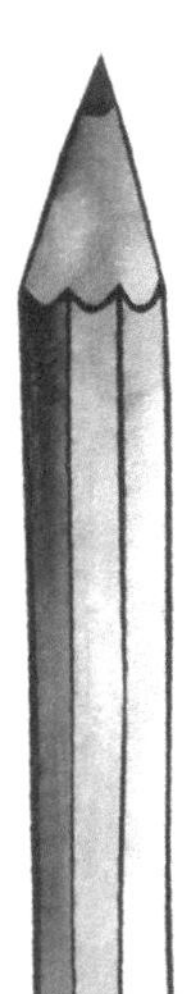

Das ist so, weil ...

Ich habe mal erlebt, ...

Ich komme in Situationen, in denen ...

Das Schlimmste für mich ist, dass ...

Ich denke immer, ...

Womit bringst du die Panik durcheinander? Was kannst du tun, damit du sie entmachtest?

Schreibe und/oder male es auf diese Liste.

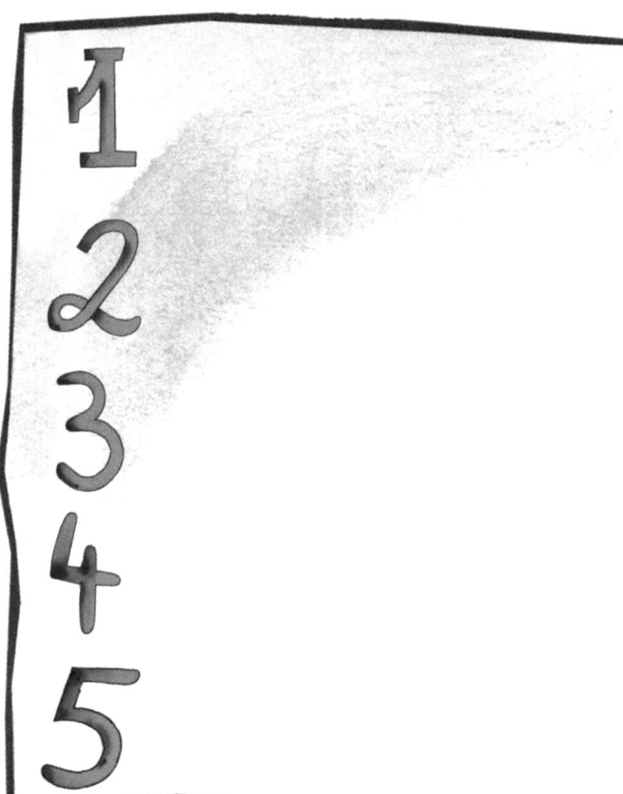

Leiste nun mindestens einmal täglich Widerstand gegen die Panik. Verwende dazu die Ideen aus deiner Liste. Mit jeder Aktion wirst du stärker und deine Panik verzweifelt an dir.

Überprüfe, was am besten funktioniert hat. Die Top drei deiner Panik-Bekämpfungs-Ideen kannst du aufs Siegerpodest schreiben und/oder malen.

Wir verraten dir nun ein Geheimrezept.

Damit deine Probleme dauerhaft kleingeschrumpft bleiben, gehe wie ein echter Geheimagent auf Spurensuche. Frage dich daher regelmäßig:

Passst dein Gefühl zur jeweiligen Situation?

Schlagen Zweifel, Unsicherheit und Angst zu Recht Alarm?

Sind sie am Ende bloß drei fiese Agenten, die dich in die Irre führen wollen?

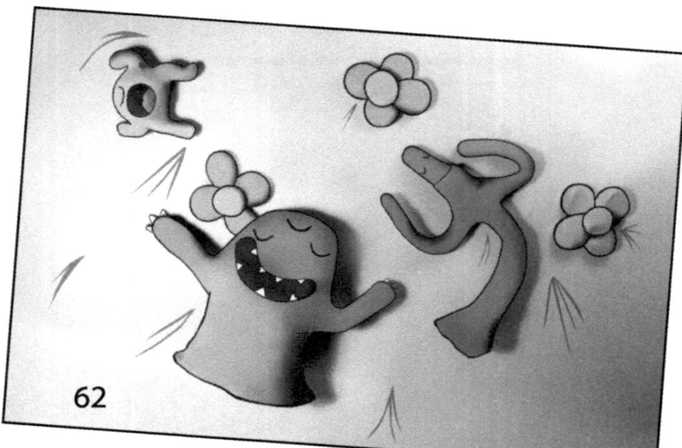

Denk daran:

Je größer deine Probleme erscheinen, desto stärker trittst du selbst in den Hintergrund. Schreite daher zur Tat und bringe Abstand zwischen dich und den Zweifel, die Unsicherheit, die Angst und die Panik.

Den besten Abstand bekommst du, wenn du dir deine Probleme als echte Quälgeister vorstellst. Gib ihnen Namen und sprich über ihre störenden Angewohnheiten. Das macht sie sichtbar und du kannst sie gezielt in ihre Schranken weisen.

Lass dir dabei von anderen helfen und verbünde dich mit deinen Unterstützer*innen gegen deine Quälgeister. Denn du bist hier Chef*in!

„Schrumpf-die-Angst-immer-wieder-Karten“

Auf den nachfolgenden Seiten findest du den Zweifel, die Unsicherheit, die Angst und die Panik in Kartenform zum immer wieder Schrumpfen.

Außerdem gibt es für dich Zahlenkarten, die dir zeigen, wie erfolgreich du mit dem Schrumpfen deiner Quälgeister bist.

Du kannst alle Karten ausschneiden, sie bunt anmalen und auf Karton kleben.

Los geht's!

Die genaue Anleitung ist wie folgt:

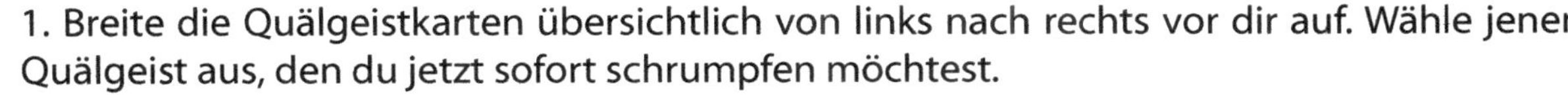

1. Breite die Quälgeistkarten übersichtlich von links nach rechts vor dir auf. Wähle jenen Quälgeist aus, den du jetzt sofort schrumpfen möchtest.

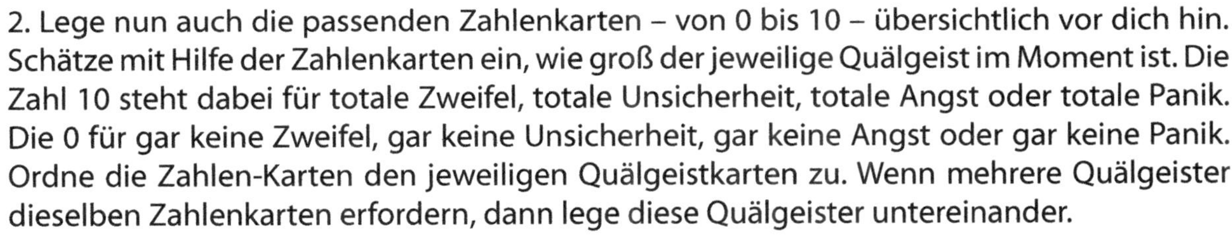

2. Lege nun auch die passenden Zahlenkarten – von 0 bis 10 – übersichtlich vor dich hin. Schätze mit Hilfe der Zahlenkarten ein, wie groß der jeweilige Quälgeist im Moment ist. Die Zahl 10 steht dabei für totale Zweifel, totale Unsicherheit, totale Angst oder totale Panik. Die 0 für gar keine Zweifel, gar keine Unsicherheit, gar keine Angst oder gar keine Panik. Ordne die Zahlen-Karten den jeweiligen Quälgeistkarten zu. Wenn mehrere Quälgeister dieselben Zahlenkarten erfordern, dann lege diese Quälgeister untereinander.

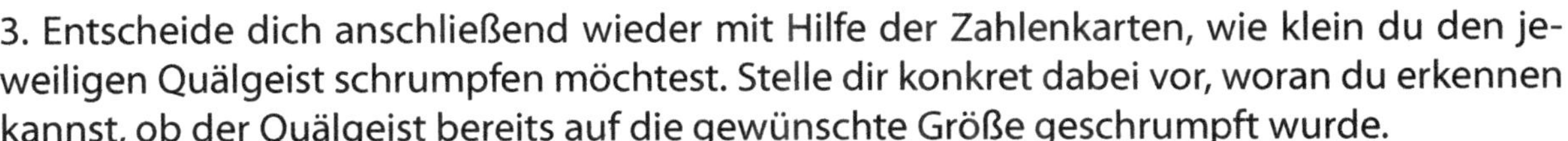

3. Entscheide dich anschließend wieder mit Hilfe der Zahlenkarten, wie klein du den jeweiligen Quälgeist schrumpfen möchtest. Stelle dir konkret dabei vor, woran du erkennen kannst, ob der Quälgeist bereits auf die gewünschte Größe geschrumpft wurde.

4. Bestimme, durch welches Verhalten und welche Gedanken du den jeweiligen Quälgeist aktiv schrumpfen kannst. Lege dazu die passende Aktionskarte auf den entsprechenden Quälgeist.

5. Überlege, wer oder was dich bei deiner Mission, die Quälgeister zu schrumpfen, unterstützen kann. Die Herzkarte hilft dir dabei.

6. Jetzt hast du deinen Plan direkt vor Augen und kannst noch gezielter die Zweifel, die Unsicherheit, die Angst und die Panik schrumpfen. Gratulation!

QUÄLGEISTKARTE

kleiner
Zweifel

QUÄLGEISTKARTE

mittlerer
Zweifel

QUÄLGEISTKARTE

großer
Zweifel

QUÄLGEISTKARTE

kleine
Unsicherheit

QUÄLGEISTKARTE

mittlere
Unsicherheit

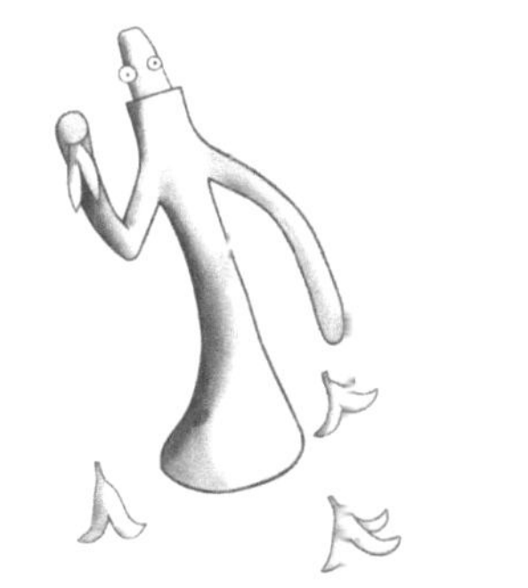

QUÄLGEISTKARTE

große
Unsicherheit

QUÄLGEISTKARTE

kleine
Angst

QUÄLGEISTKARTE

mittlere
Angst

QUÄLGEISTKARTE

große
Angst

QUÄLGEISTKARTE

kleine
Panik

QUÄLGEISTKARTE

mittlere
Panik

QUÄLGEISTKARTE

große
Panik

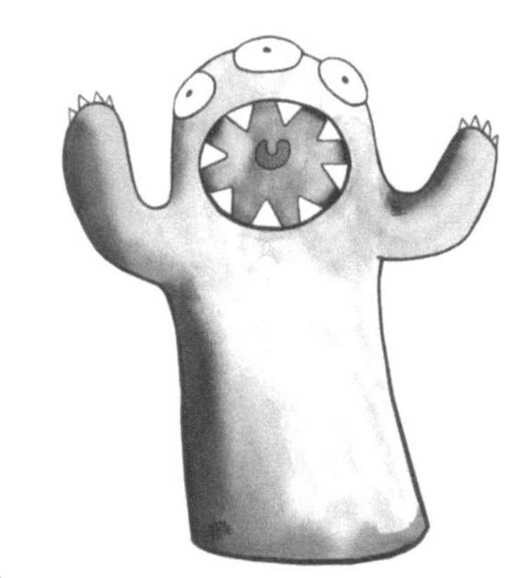

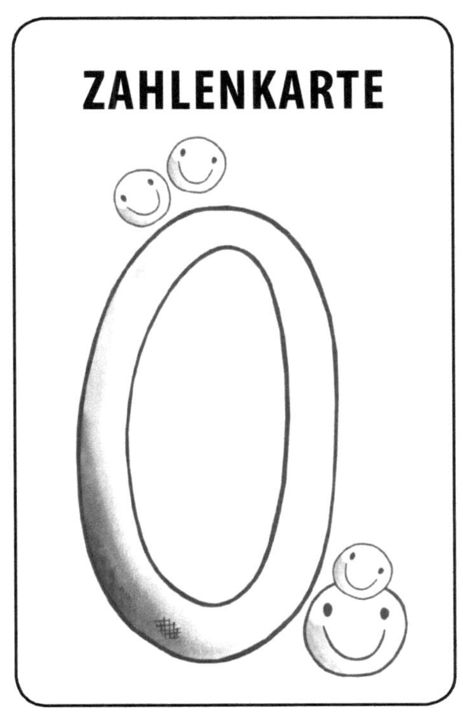
ZAHLENKARTE

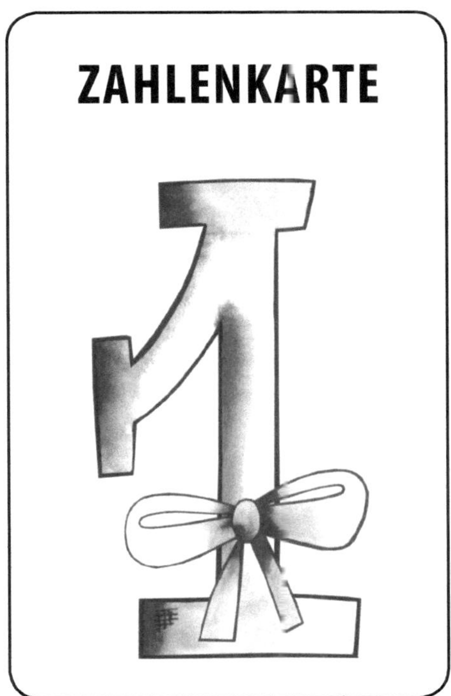
ZAHLENKARTE

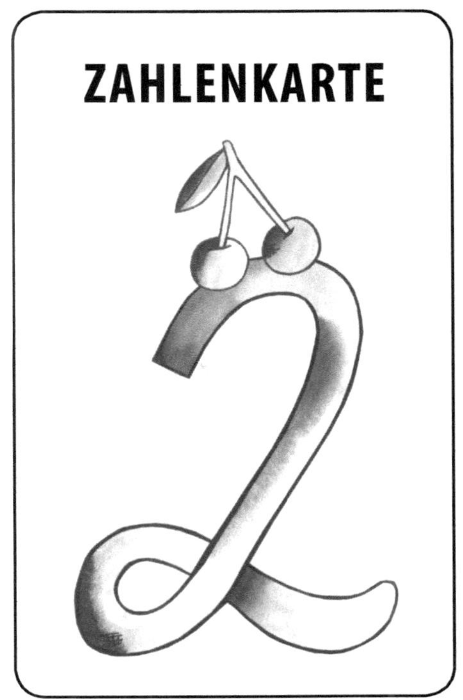
ZAHLENKARTE

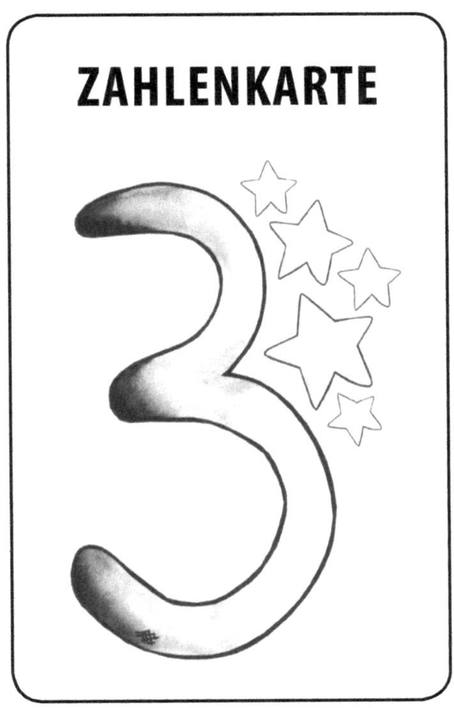
ZAHLENKARTE

ZAHLENKARTE

ZAHLENKARTE

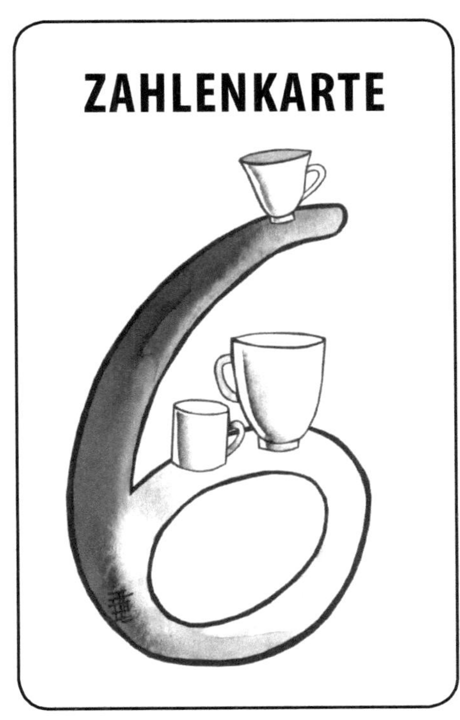
ZAHLENKARTE

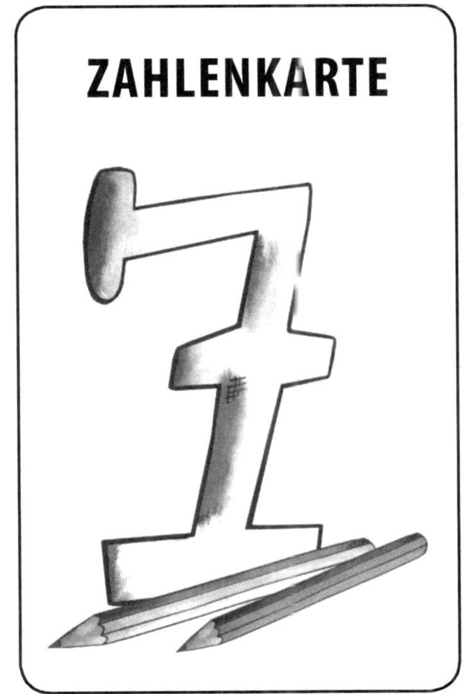
ZAHLENKARTE

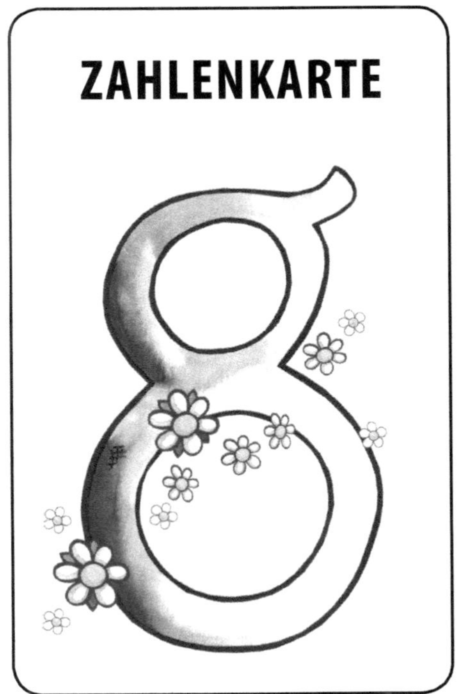
ZAHLENKARTE

ZAHLENKARTE

ZAHLENKARTE

HERZKARTE

AKTIONSKARTE

Ich
wehre mich.

AKTIONSKARTE

Ich rede mit
jemandem darüber.

AKTIONSKARTE

Ich verschaffe mir
gute Gefühle.

SOWAS! Die erfolgreiche psychologische Kinder- und Jugendsachbuchreihe

SOWAS-Buch.de

Wir freuen uns,
wenn du auch deiner
Lieblingsbuchhandlung
von uns erzählst!

Dein Verlag.
editionriedenburg.at